TECNOLOGÍA: MAPAS PARA EL FUTURO™

Super jumbo jets

por dentro y por fuera

por
Holly Cefrey

Ilustraciones
Alessandro Bartolozzi
Leonello Calvetti, Lorenzo Cecchi

Traducción al español
Tomás González

The Rosen Publishing Group's
Editorial Buenas Letras ™

Dedicado a Theodore Cefrey,
piloto de planeadores en la Segunda Guerra Mundial

Published in 2002 in North America
by The Rosen Publishing Group, Inc., New York

First Edition
First Edition in Spanish 2002

Book Design:
Andrea Dué s.r.l. Florence, Italy

Illustrations:
Alessandro Bartolozzi, Leonello Calvetti, Lorenzo Cecchi

Editor and Photo Researcher:
Joanne Randolph

Library of Congress Cataloging-in-Publication Data

Cefrey, Holly.
Super jumbo jets : por dentro y por fuera / por Holly Cefrey. ;
traducción al español Tomás González. — 1st ed.
p. cm. — (Tecnología : mapas para el futuro)
Includes bibliographical references and index.
Contents: To super jumbo, or not to super jumbo? - A Competition - Try, try again:
humans in flight - Old rivalry, new planes - The Concorde - Forces of flight - The
Airbus A380 - Jet engines: masters of thrust - Turbofan power - Looking inside a
turbofan - Airbus cutaway - The jumbo generation - An international project -
Construction - Super jumbo design - High-tech materials - Interiors - The future -
Major Airlines of the World.
ISBN 0-8239-6154-0 (library binding)
1. Jet transports—Juvenile literature. [1. Jet transports. 2. Spanish language
materials.] I. Title. II. Series.
TK685.7 .C44 2002
629.133'349—dc21
2002001744
Manufactured in Italy by Eurolitho S.p.A., Milan

Contenido

¿Superjumbo o no superjumbo?

Actualmente, el rugido de aviones sobrevolando nuestras ciudades es un sonido familiar. Hemos crecido acostumbrados a planear viajes entre destinos distantes en cuestión de horas, y no de días como se acostumbraba en los tiempos anteriores a la aviación comercial. Volar siempre fue un sueño para la humanidad, incluso antes de que Leonardo da Vinci diseñara un juego de alas para un ser humano. Sin embargo, para hacer realidad ese sueño han sido necesarios innumerables avances tecnológicos y muchas personas han contribuido con sus ideas y conocimientos para hacer de la aviación una alternativa segura de transporte. Las aerolíneas comerciales han invertido mucho dinero y energía para ofrecer este medio de transporte a tantas personas como les sea posible y aunque el tamaño de los aviones de pasajeros ha crecido a pasos agigantados, estas compañías buscan continuamente nuevas maneras de poner a más personas en el aire, sea a través de un mayor número de vuelos, o mediante aviones más grandes. El jumbo jet fue un gran paso en esta dirección, permitiendo a las aerolíneas transportar más pasajeros y tener una mayor capacidad de carga. ¡Incluso el transbordador espacial viajó en un jumbo jet!

Actualmente la pregunta es si aviones más grandes y veloces con nuevas tecnologías cumplirán con las demandas de los pasajeros. Cada vez que surge una nueva tecnología de aviación, uno de los más grandes retos de las líneas aéreas es convencer a los viajeros de que el avión será seguro y confiable. A pesar de estos retos, un nuevo superjumbo jet está siendo creado por la compañía Airbus, y Boeing trabaja en el desarrollo de un avión que viaja casi a la velocidad del sonido. ¿Habrá suficientes personas dispuestas a viajar en estos enormes aviones? ¿Tendrán los pasajeros confianza suficiente en un jet superveloz? Sólo el tiempo podrá decir si los superjumbo jets serán los medios de transporte del futuro. El tiempo dictará también qué nuevas tecnologías se desarrollarán en el mundo de la aviación. En tu opinión, ¿de qué depende el mundo de la aviación?

Abajo: En 1977, un Boeing 747 modificado fue entregado a la NASA para utilizarse como vehículo de transporte del transbordador espacial.

Izquierda: Un Boeing 747 transportando pasajeros de British Airways a su destino. British Airways utiliza tres versiones del Boeing 747: las series 400, 200 y 100. Esta línea aérea británica opera 58 Boeing 747-400 incluyendo el nuevo Boeing 747-400 Ligero. La serie 200 ha sido retirada de su flota.

Abajo: Un Boeing 747 a punto de ser terminado en las bodegas de Boeing

Competencia

Los aviones nos permiten viajar grandes distancias en pocas horas. Los aviones a reacción (jets), entre los cuales se cuentan los supersónicos y los jumbo, son el medio más veloz y moderno de transporte aéreo.

Los aviones supersónicos viajan más rápido que el sonido. Piensa en lo que ocurre cuando chasqueas los dedos: el sonido de los dedos llega casi de forma instantánea a tus oídos. El tiempo que le toma al sonido viajar de los dedos a los oídos es la velocidad del sonido. Los aviones supersónicos viajan más rápido que el sonido que va de tus dedos a tus oídos. Pero los aviones supersónicos tienen sus limitaciones; la cantidad de pasajeros es mucho menor que la de los jumbo y el nivel del ruido que producen puede resultar dañino para los oídos humanos.

Los aviones jumbo son aviones grandes que transportan muchos pasajeros a grandes distancias. Varios fabricantes hacen estos aviones y los venden a compañías aéreas de todo el mundo. Las aerolíneas Virgin, Air France, American, Luftansa, Japan y Singapore Airlines usan aviones jumbo. Uno solo de estos grandes aviones puede transportar a más de 400 pasajeros en un solo viaje. Eso les gusta a las aerolíneas, pues al transportar más pasajeros ganan más dinero. Al utilizar aviones más grandes, las compañías aéreas llevan más pasajeros a sus lugares de destino.

Arriba: El tamaño de los aviones se ha incrementado mucho. Mira qué grande es el Boeing 747 (el dibujo gris) en comparación con el Boeing 707 (la silueta oscura).

Durante los próximos años, los aviones a reacción serán seguramente todavía más grandes y mejores que los que tenemos hoy. Dos fabricantes de aviones compiten por construir el avión de pasajeros más grande y veloz que jamás haya existido. Dichas compañías son Airbus Industrie, con base en Europa y Boeing Company, con sede en los Estados Unidos. En las dos compañías se tienen ideas muy diferentes sobre el futuro del transporte aéreo. En Airbus Industrie creen que el futuro pertenecerá a aviones mucho más grandes que los jumbo. En la Boeing piensan que serán los aviones más veloces, aquéllos que pueden disminuir la duración de los viajes, los que dominarán los cielos. La competencia entre estas compañías producirá nuevos y asombrosos aviones, más grandes, más rápidos y tecnológicamente más avanzados.

Airbus Industrie se encuentra trabajando en su avión del futuro, al que llama "superjumbo". Los jumbo, que son hoy los aviones más grandes de pasajeros,

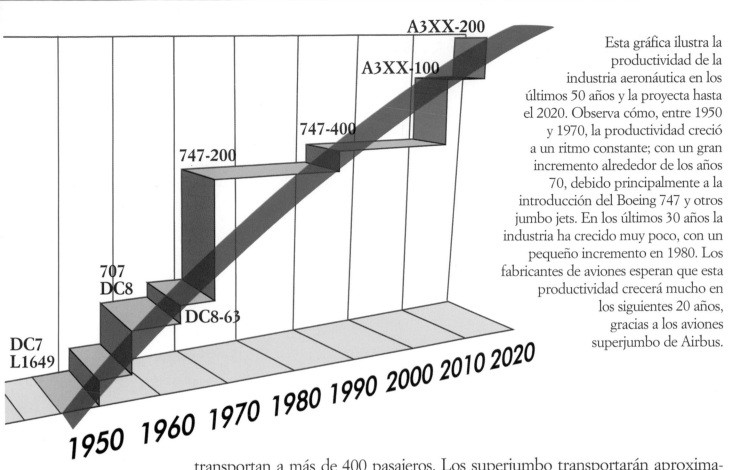

A3XX-200

A3XX-100

747-400

747-200

707
DC8

DC8-63

DC7
L1649

1950 1960 1970 1980 1990 2000 2010 2020

Esta gráfica ilustra la productividad de la industria aeronáutica en los últimos 50 años y la proyecta hasta el 2020. Observa cómo, entre 1950 y 1970, la productividad creció a un ritmo constante; con un gran incremento alrededor de los años 70, debido principalmente a la introducción del Boeing 747 y otros jumbo jets. En los últimos 30 años la industria ha crecido muy poco, con un pequeño incremento en 1980. Los fabricantes de aviones esperan que esta productividad crecerá mucho en los siguientes 20 años, gracias a los aviones superjumbo de Airbus.

transportan a más de 400 pasajeros. Los superjumbo transportarán aproximadamente 650 personas. Airbus llama a su superjumbo el "A380". Cuando el A380 se eleve por el cielo se convertirá en el avión de pasajeros más grande de todos los tiempos. Airbus planea tenerlo listo para entregárselo a las aerolíneas más o menos en el año 2005 ó 2006.

Abajo. Este avión se construye en la fabrica de la Boeing.

Muchas maravillas del transporte aéreo actual se creyeron alguna vez imposibles.

En este libro se explorará la ciencia de la aviación, gracias a la cual se hacen realidad cosas que antes parecían imposibles. También daremos un vistazo al pasado, al presente y al futuro de la aviación. Es muy probable que la competencia entre Airbus y Boeing nos permita ver tipos completamente nuevos de avión cruzar los cielos. El tamaño, la forma y la velocidad de dichos aviones transformarán el transporte aéreo y la aviación para siempre.

Intenta, intenta otra vez; humanos en vuelo

Antes de explorar el presente y el futuro de la aviación, sería útil conocer su pasado. Durante miles de años los seres humanos han querido volar. En el año 400 a.C, aproximadamente, el sabio griego Archytas, construyó un pájaro que volaba. Se trataba de una paloma de madera que daba vueltas en el aire. Nadie sabe realmente cómo lo logró, pero los historiadores creen posible que haya utilizado vapor para darle energía.

Los chinos inventaron un artefacto volador alrededor del año 300 a.C: la cometa o papalote. En el año 1500 d.C. el artista e inventor Leonardo da Vinci hizo dibujos de su versión de un hombre volador. Los dibujos mostraban a un ser humano con alas como de pájaro, aunque de fabricación humana. Alrededor del año 1600 se demostró que los músculos del ser humano son demasiado débiles para agitar ese tipo de alas y levantar vuelo.

El primer vuelo exitoso de una persona no fue en un aeroplano sino en un globo de aire caliente. Éste consiste básicamente de un globo grande al que se sujeta una canasta en la que viajan los pilotos y los pasajeros. Los globos de aire caliente vuelan debido a que el aire del que están llenos es más liviano que el aire del cielo. Como en el cielo se mueven numerosas corrientes de viento, el piloto se sirve de ellas para hacer que el globo se mueva en diferentes direcciones.

El 21 de noviembre de 1783, dos franceses, el doctor Jean Pilatre de Rozier y el marqués d'Arlandes, se convirtieron en los primeros en volar en un globo de aire caliente. El globo, creado por los hermanos franceses Jacques y Joseph Montgolfier, permaneció en el aire a una distancia de más de 5 millas (8.04 km) del suelo y sobrevoló París durante unos 25 minutos.

Otro avance en el transporte aéreo fue la invención del planeador. Los planeadores tienen forma de cometa, con la diferencia de que se deslizan libremente por el aire. Son aviones sin motor, impulsados por las corrientes de aire que se mueven por el cielo. Sir George Cayley construyó el primer planeador en 1804 y, poco después, el primer planeador de pasajeros. Sir Cayley, que nació cerca de Scarborough, Inglaterra, es el fundador de la aerodinámica. La aerodinámica es la ciencia del movimiento de los objetos en el aire. Sir Cayley se conoce como el padre de la aeronáutica moderna, que es la ciencia que estudia el vuelo de las aeronaves.

Arriba: El globo diseñado por Jacques y Joseph Montgolfier, construido de tela y papel, se elevó por primera ocasión transportando animales ante 130,000 espectadores.

En 1896, Samuel Langley construyó un avión a escala pequeña, llamado *Aerodrome*, que podía realmente volar. Después de despegar, el *Aerodrome* permanecía en el aire durante más de un minuto y volaba una distancia de más de media milla (0.8 km). Langley también construyó un avión de tamaño normal, pero éste era muy difícil de hacer volar. Cada vez que un piloto intentaba volar en el *Aerodrome* de tamaño grande, se estrellaba en el río Potomac.

Los hermanos Orville y Wilbur Wright empezaron a construir planeadores en 1899 en los Estados Unidos. Después de intentarlo muchas veces y fracasar otras tantas, terminaron por descubrir la manera de controlar el vuelo del planeador. Los hermanos utilizaron entonces lo aprendido en la construcción de planeadores y lo aplicaron a la fabricación de aviones de motor.

En 1903, construyeron con éxito un avión de motor, al que llamaron *Flyer* (Volador). El 17 de diciembre de aquel año, Orville pasó a la historia con el *Flyer*, al convertirse en la primera persona en volar en una aeronave de motor. Fue un viaje corto, de apenas doce segundos. Después voló en el avión durante casi un minuto. En 1908, Wilbur realizó el primer vuelo público oficial en Francia. Los hermanos Wright asombraron al mundo. En uno de los vuelos de demostración en Francia, Wilbur dio vueltas por el cielo durante más de dos horas.

Arriba: El modelo muestra la forma que pudo haber tenido la invención de Leonardo da Vinci.

Derecha: Éste es un dibujo del avión de los hermanos Wright.

Vieja rivalidad, aviones nuevos

El avión de pasajeros más grande y veloz es en la actualidad el Boeing 747. Dependiendo del diseño este avión transporta entre 416 y 524 pasajeros y vuela a velocidades de hasta 565 millas (910 kilómetros) por hora, a una altitud de 35,000 pies (10,668 metros). Muchas aerolíneas utilizan el 747 en todo el mundo.

La compañía, fundada por William Boeing en 1927, presentó el 747 en septiembre de 1968. Para producir el primer 747 se utilizaron más de 75 mil planos de ingeniería. Desde el piso hasta su punto más alto, el 747 tiene la altura de un edificio de seis pisos, y la envergadura alar es de 200 pies (61 m). En el área de las alas cabrían más de cuarenta automóviles.

Para producir el enorme 747 fue necesario construir una fábrica nueva. Comenzar la producción le costó a la compañía alrededor de mil millones de dólares. Este proyecto casi lleva a la quiebra a la Boeing, pero muy pronto las aerolíneas empezaron a hacer numerosos pedidos, y la Boeing se convirtió en el principal fabricante de aviones jumbo del mundo. Desde 1970, la compañía ha producido más de 15 versiones del 747.

Otros fabricantes de aviones querían competir con la Boeing. En 1972, fabricantes británicos, franceses, alemanes y españoles se unieron para formar una compañía llamada Airbus Industrie. Las compañías compartieron sus recursos, sus costos de desarrollo y la construcción de los aviones. Eso les permitió fabricar aviones capaces de competir con los Boeing. Airbus construyó jumbos y muchos otros tipos de aviones a reacción de pasajeros. Las aerolíneas estadounidenses comenzaron a adquirir aviones jumbo Airbus en 1977. En 1994, Airbus decidió construir algo más grande que el jumbo: el superjumbo. Se espera que el superjumbo de Airbus, o A380, haga su primer vuelo de prueba en el 2004. Compañías aéreas de todo el mundo ya han hecho pedidos del A380.

Abajo: El único avión de pasajeros más rápido que el sonido es el Concorde, que vuela a la velocidad mach 2 de 1,350 millas (2,172 kilómetros) por hora. El Concorde transporta alrededor de 100 pasajeros.

El Concorde es extremadamente ruidoso. Por eso no está autorizado para volar sobre el territorio de los Estados Unidos. Si viaja a este país, únicamente se le permite aterrizar en los aeropuertos situados en las costas.

Abajo: British Airways a ordenado un Airbus superjumbo.

Para mantener su ventaja, la Boeing deberá ofrecer un avión todavía mejor. Al principio, la Boeing dijo que iba a fabricar también un superjumbo. Hace poco, sin embargo, empezó a considerar que la construcción del superjumbo había sido un error de Airbus.

Derecha: El Sonic Cruiser tiene un diseño diferente a otros aviones, esto le permitirá viajar muy cerca de la velocidad del sonido.

En la Boeing no creen que el superjumbo sea el futuro de la aviación y planean presentar un nuevo tipo de avión de pasajeros en el 2007.

Los últimos diseños de la Boeing combinan elementos de los aviones supersónicos y los jumbo a fin de ofrecer un avión que sea a la vez grande y veloz. No se trata de un superjumbo. Será, sin embargo, un avión grande de pasajeros que viajará a velocidades un poco menores que la del sonido. La Boeing lo llama el Sonic Cruiser.

La velocidad del sonido en la superficie de la Tierra, es de 760 millas (1,225 kilómetros) por hora. Al elevarnos y alejarnos de la superficie, la velocidad del sonido disminuye. A la altura que vuelan los jets, el sonido viaja a unas 660 millas por hora (1,062 kilómetros), velocidad que es también conocida como mach 1. El Sonic Cruiser viajaría a 648 millas (1,042 kilómetros) por hora, es decir, a una velocidad un poco menor que mach 1. La mayoría de los aviones de pasajeros se desintegrarían si volaran con tanta rapidez.

Para viajar sin peligro a semejantes velocidades se requiere un diseño especial de los aviones. El Sonic Cruiser será el avión de pasajeros más grande en volar a velocidades poco menores que mach 1. La capacidad del avión será de entre 200 y 300 pasajeros. La Boeing está diseñándolo de modo que no sea tan ruidoso como el Concorde. Sus diseñadores creen que despegará y aterrizará incluso más silenciosamente que los aviones actuales. Si tiene éxito, se construirán aviones Sonic Cruiser todavía más grandes.

El Concorde

Los aviones superjumbo son sólo una opción de la aviación comercial. Desde hace ya muchos años, el Concorde ha transportado pasajeros de un destino a otro a velocidades superiores a la del sonido. La investigación de aviación supersónica comenzó en Europa en 1956 y condujo a la firma de un tratado entre el gobierno británico y el francés para colaborar en el diseño y construcción de una aeronave supersónica seis años más tarde. El primer prototipo fue probado en Toulouse, Francia, en 1967.

El Concorde mide 204 pies (62 m) de longitud y durante el vuelo se expande de seis a diez pulgadas debido al calentamiento de la estructura. La aeronave está cubierta por una pintura blanca especial que se ajusta a estos cambios y difunde la temperatura generada durante el vuelo. Como el Concorde vuela de una forma totalmente distinta a la de las aeronaves convencionales, la distancia entre los extremos de sus alas sólo es apenas superior a 83 pies (25.5 m), longitud inferior a la envergadura de otros aviones. Un jet supersónico utiliza algo llamado *Vortex Lift*, o ascenso en el centro, para alcanzar su extraordinario comportamiento. Durante el despegue y el aterrizaje, la famosa nariz del Concorde se dobla hacia abajo para aumentar la visibilidad del piloto.

Cada una de las cuatro turbinas Rolls Royce/Snecma Olympus 593, especialmente diseñadas para el Concorde, producen más de 38,000 libras de empuje. Esto inyecta el combustible que necesitan las turbinas para el despegue y la transición a la velocidad supersónica. Con esta poderosa ayuda, el Concorde despega a 220 nudos (250 mph/402 km/h) (comparados con los 165 nudos de la mayoría de los aviones no-supersónicos) y su velocidad de crucero, es de unas 1,350 mph (2,172.6 km/h), ¡más del doble de la velocidad del sonido! Un viaje de Londres a Nueva York toma un poco más de tres horas y media, contra las ocho horas que tarda un avión no-supersónico. Esto significa que viajando al Oeste, con las 5 horas del cambio de horario, ¡el Concorde arriba a su destino antes de haber despegado!

cabina de pasajeros

ruedas delanteras

cabina de pilotos

nariz retractable

A pesar de los beneficios de viajar a velocidades supersónicas, el Concorde tiene algunas desventajas, como la contaminación auditiva y un consumo de combustible ineficiente. Por eso las aerolíneas continúan buscando mejores opciones para transportar sus pasajeros. Una de estas opciones es construir un superjumbo que pueda transportar más pasajeros, sea más barato de operar y resulte menos dañino para el ambiente.

tanque de combustible posterior

motores

tanque recolector

tanque de combustible inicial

ruedas traseras

tanque de combustible delantero

TRANSFERENCIA DE COMBUSTIBLE EN LAS DISTINTAS ETAPAS DEL VUELO

Las flechas en cada dibujo muestran cómo cambia el combustible en cada una de las etapas del vuelo. Cambiar el combustible cambia el peso en la nave lo que le permite mantenerse balanceada.

1) etapa de aceleración intermedia
2) final del paso a la etapa supersónica
3) etapa de aterrizaje

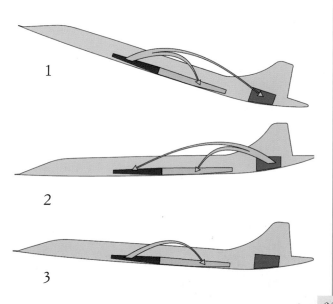

1

2

3

Fuerzas de vuelo

Los estudios de sir George Cayley sobre aerodinámica y la ciencia de las aeronaves permitieron entender cómo podían volar y mantenerse en el aire los objetos. Cayley, y otros entusiastas, encontraron que el vuelo comprende varios aspectos. Cuando un objeto se mueve en el aire, distintas fuerzas, o energías, actúan a favor y en contra de él. Los científicos estudian dichas fuerzas a fin de entender el vuelo. Al estudiarlas, aprendemos a volar de manera más fácil y exitosa. También aprendemos a evitar las caídas y demás fallas del vuelo.

Cuatro fuerzas principales permiten volar a los aviones. Ellas son, la gravedad, la fuerza ascensional, la resistencia al avance y el empuje. El equilibrio de estas fuerzas permitirá el vuelo del avión.

La gravedad es una poderosa fuerza natural de la Tierra. Es la que nos mantiene unidos a la superficie terrestre. Podemos saltar y separarnos del piso durante un segundo, pero la gravedad vuelve a tirar inmediatamente de nosotros hacia abajo. La gravedad tira de los aviones mientras están en vuelo. Para volar, es necesario que otra fuerza se oponga a la gravedad. Ésta es la fuerza ascensional.

La fuerza ascensional es creada por las alas y el movimiento del avión. Ésta tira el avión hacia arriba, en dirección contraria al suelo. Es una fuerza que se crea cuando las alas del avión avanzan a través del aire. Mientras más rápido se mueva el avión, mayor será la fuerza ascensional que crearán sus alas. Al final, la fuerza ascensional se hace tan fuerte que hace ascender al avión y lo separa del suelo.

Sin moverse hacia adelante, el avión no puede crear fuerza ascensional. La fuerza que permite al avión moverse hacia adelante se llama empuje. El empuje es una fuerza creada por los motores que están sujetos al avión. Los motores mueven el avión hacia adelante a velocidades suficientes para crear fuerza ascensional.

La resistencia al avance es una fuerza natural del aire que se opone al avión cuando éste se mueve hacia adelante. La resistencia trabaja contra el empuje del avión. Si se disminuye la resistencia, el avión se eleva. Para reducirla, los aviones son construidos con diseños lisos, aerodinámicos. Los motores también se construyen de manera que tengan suficiente potencia para vencer la fuerza de resistencia. Para que se produzca el vuelo, es necesario que la fuerza ascensional venza a la fuerza de la gravedad y que el empuje venza a la fuerza de resistencia.

Para que el avión regrese a tierra es necesario modificar el equilibrio de las fuerzas. El poder del motor, que crea empuje, debe disminuirse. Cuando los motores funcionan con más lentitud, también lo hace el avión. Así se disminuye el empuje y también la fuerza ascensional. Reducir la marcha de los motores permite, pues, que el avión descienda y regrese a tierra.

Derecha: Este diagrama muestra las cuatro fuerzas de vuelo. Empuje es la fuerza hacia adelante producida por los motores. Gravedad es la fuerza que actúa en contra del peso del avión y trata de tirar de él hacia abajo. La fuerza ascensional permite que el avión despegue y se mantenga en el aire. La resistencia al avance es la fuerza del viento que actúa contra la masa de la aeronave.

Derecha: El diagrama muestra como funciona la fuerza ascensional. Gracias a la forma de las alas, el aire viaja más rápido en la parte superior produciendo una zona de baja presión. El aire viajando bajo el ala tiene una presión mayor que empuja el avión hacia arriba, o lo hace ascender. A esto se le llama Efecto Bernoulli.

Derecha: Estos dibujos muestran varios dispositivos de ascenso (alerones) utilizados por aviones como los jumbo jets y los superjumbo jets. Estos se utilizan durante el despegue o aterrizaje y controlan la fuerza ascencional. Las sombras de color rojo muestran cómo se mueven estos alerones durante el despegue y el aterrizaje para incrementar las fuerzas. Observa cómo algunas alas tienen un solo alerón mientras otras tienen dos o tres.

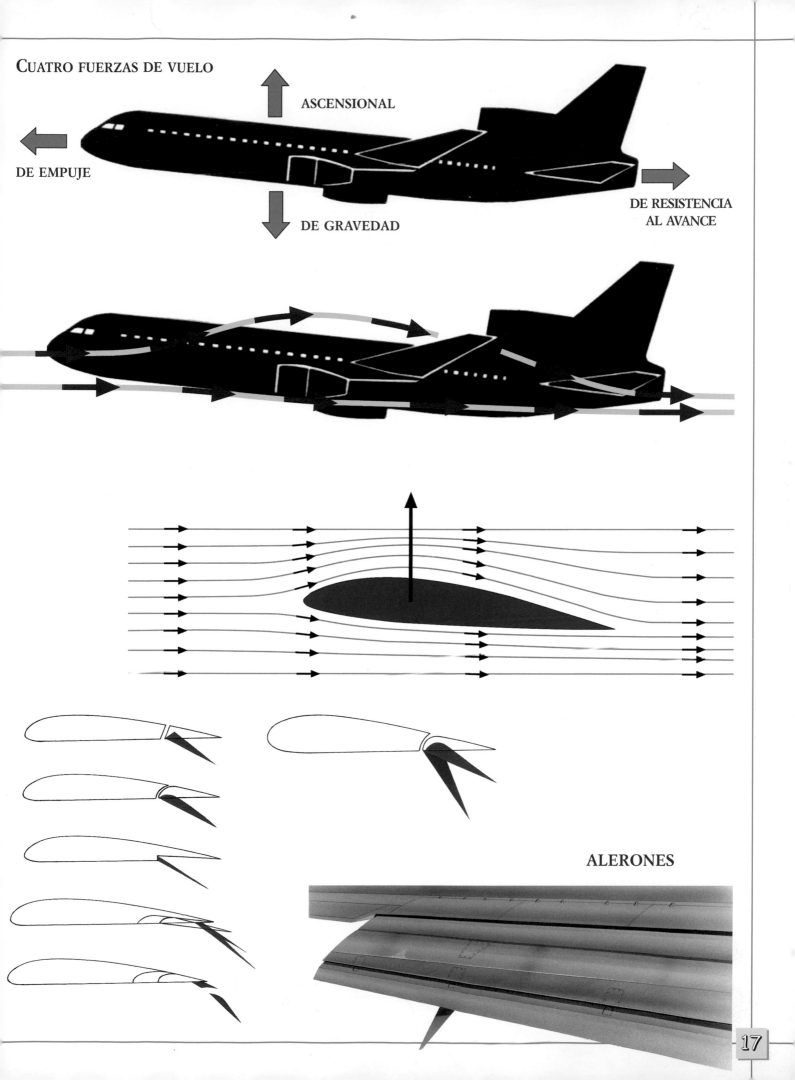

CUATRO FUERZAS DE VUELO

ASCENSIONAL

DE EMPUJE

DE GRAVEDAD

DE RESISTENCIA AL AVANCE

ALERONES

El Airbus A380

El avión de pasajeros más grande en la actualidad, el 747, tiene un costo de 183 millones de dólares. Cada A380 costará 240 millones. Airbus calcula que diseñar y producir el A380 costará más de 12 mil millones de dólares. La compañía considera que ofrecer el avión de pasajeros más grande del mundo justifica la inmensa inversión. Para garantizar el éxito del A380, Airbus ofrecerá otras versiones del avión.

Al igual que el A380, las otras versiones se diseñan buscando que los aviones sean menos nocivos para el medio ambiente que los que vuelan en la actualidad. Los aviones más viejos se construyeron en una época en que el medio ambiente no era una prioridad. Queman mucho combustible que daña el aire que respiramos, y son muy ruidosos. Los aviones modernos, como el A380, se diseñan para que usen menos combustible. Además, estos aviones harán menos ruido que los aviones grandes de pasajeros de la actualidad. El modelo A380 estándar de pasajeros se entregará a los clientes en el 2006. Ese mismo año se ofrecerá otra versión del avión: el A380 de carga. El A380 de carga es llamado A380-800F.

El A380-800F tendrá capacidad para transportar más de 150 toneladas (136 t) ó 300,000 libras (136,077.7 kg) en cada viaje. La carga se colocará en grandes contenedores que pueden almacenar cientos de libras de carga individualmente.

El avión A380-800F volará distancias de más de 5,000 millas (8,046.7 km) en un solo viaje. Al utilizar los superjumbo de carga, las compañías aéreas y de servicio de mensajería pueden embarcar toneladas de carga en un solo viaje, y así ahorrar tiempo y dinero.

Sin embargo, el modelo de carga no será la única variación del A380 de Airbus. Según Aerospaceweb.org, durante los próximos cinco a diez años se ofrecerán otros modelos del A380. Aerospaceweb.org es una organización de ingenieros de aviación que cuenta con un museo y suministra información sobre aviación al público.

DETALLES DEL A380

ENVERGADURA ALAR: 261 pies, 10 pulgadas (79.8 m)
LONGITUD: 239 pies, 6 pulgadas (73.0 m)
ALTURA: 79 pies, 1 pulgada (24.1 m)
PASAJEROS: 555
VELOCIDAD CRUCERO: 630 mph (1,013 km/h)
ALTITUD DE VUELO: 43,000 pies (13,106 m)
CARGA: 12 contenedores
DISTANCIA: 8,150 millas (15,100 km)
MOTORES: 4 Trent 900 turbofans/
/4 GP 7200 turbofans

DETALLES DEL 380-800F

ENVERGADURA ALAR: 261 pies, 10 pulgadas (79.8 m)
LONGITUD: 239 pies, 6 pulgadas (73.0 m)
ALTURA: 79 pies, 1 pulgada (24.1 m)
PASAJEROS: Ninguno
CUBIERTA SUPERIOR: 17 contenedores de carga
CUBIERTA PRINCIPAL: 28 contenedores de carga
CUBIERTA INFERIOR: 12 contenedores de carga
DISTANCIA: 5,650 millas (10,410 km)
CAPACIDAD DE CARGA: 150 toneladas, ó 331,000 libras.

Los motores a reacción: campeones del empuje

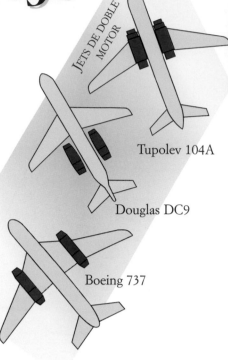

Sin empuje, aviones pesados como el 747 y el A380 no podrían volar. Uno de los motores más eficaces para crear empuje es el motor a reacción, inventado por Sir Frank Whittle.

En 1939, tras un largo proceso, Whittle creó por fin un buen diseño del motor a reacción con el que demostró que la energía de reacción era posible. Para el nuevo motor se creó un avión llamado *Gloster E28/39*, que despegó el 15 de mayo de 1941. El avión cruzó velozmente por el cielo y los asombrados observadores pudieron contemplar el futuro de la aviación. En la actualidad todos los aviones, excepto los más pequeños, funcionan con motores a reacción.

Estos motores permiten que aviones que pesan miles de libras puedan levantarse del suelo. Gracias a ellos pueden romper la barrera del sonido y volar a grandes altitudes.

La altitud es una medida que indica lo alto que está un objeto en el cielo. Se consideran grandes altitudes aquellas que superan los 35,000 pies (10,668 m) sobre la superficie terrestre. Los aviones que viajan a altitudes menores son más afectados por fenómenos climáticos, tales como nubes y vientos. Cuando los aviones vuelan por zonas donde existen estos fenómenos, se producen turbulencias, que hacen que el avión experimente sacudidas. Volando a altitudes mayores, los aviones evitan las turbulencias y viajan con mayor suavidad.

Para crear empuje y mover un objeto hacia adelante, los motores a reacción utilizan aire, combustible, llamas y electricidad. Gases poderosos son expulsados por la parte posterior de los motores, lo que hace que éstos —y el avión— sean impulsados hacia adelante. Hay cuatro tipos de motores a reacción: el turborreactor, el turbohélice, el estatorreactor y el turbofan. Los cuatro crean empuje básicamente de la misma manera.

El aire es aspirado al interior del motor y comprimido en un espacio pequeño, lo que aumenta su presión. Después es forzado a entrar a una cámara especial, donde se mezcla con combustible. La mezcla se enciende, con lo que se crean gases poderosos que salen por la parte posterior del motor con gran fuerza. Al escapar los gases por la parte posterior del motor, éste es empujado hacia adelante. Los motores a reacción están montados en góndolas. Las góndolas son bastidores que permiten que el motor se una al avión.

Derecha, centro: Para entender cómo se crea el empuje, imagínate que estás inflando un globo. Al llenarlo, el aire queda comprimido en un espacio pequeño. La fuerza del aire comprimido empieza a empujar hacia afuera, lo que hace que el globo crezca. Como el aire está comprimido dentro del globo, tiene fuerza o poder. Si sueltas el globo, el aire que escapa lo hará zigzaguear por toda la habitación. Pues bien, los motores a reacción utilizan el aire de manera parecida para crear empuje.

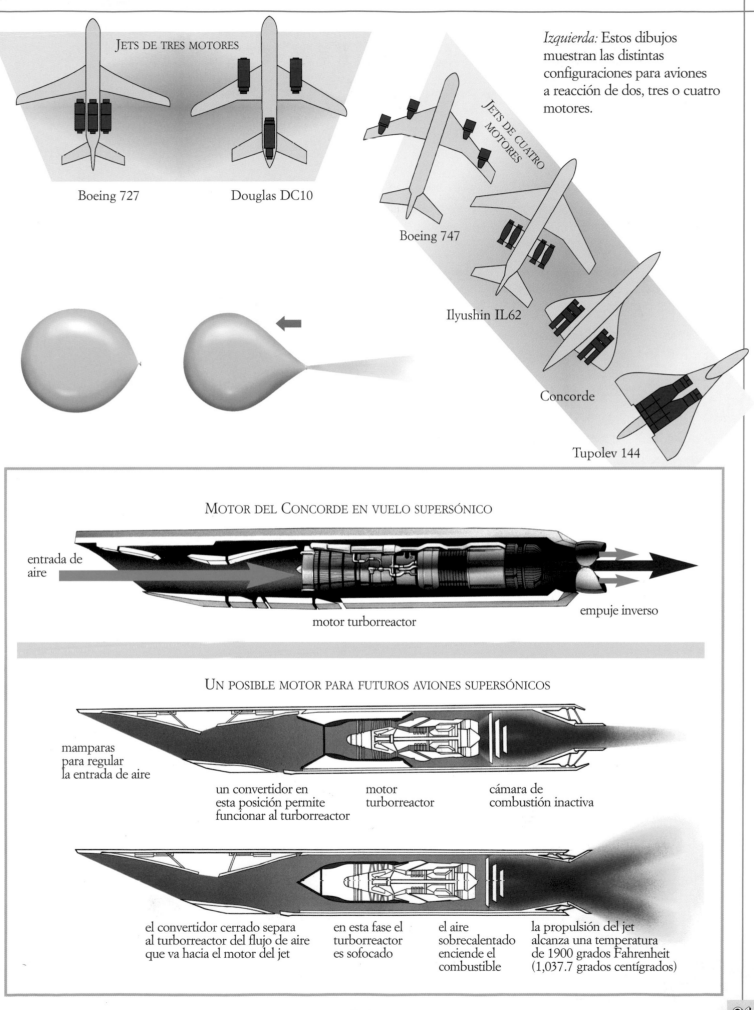

JETS DE TRES MOTORES

Boeing 727

Douglas DC10

Izquierda: Estos dibujos muestran las distintas configuraciones para aviones a reacción de dos, tres o cuatro motores.

JETS DE CUATRO MOTORES

Boeing 747

Ilyushin IL62

Concorde

Tupolev 144

MOTOR DEL CONCORDE EN VUELO SUPERSÓNICO

entrada de aire

motor turborreactor

empuje inverso

UN POSIBLE MOTOR PARA FUTUROS AVIONES SUPERSÓNICOS

mamparas para regular la entrada de aire

un convertidor en esta posición permite funcionar al turborreactor

motor turborreactor

cámara de combustión inactiva

el convertidor cerrado separa al turborreactor del flujo de aire que va hacia el motor del jet

en esta fase el turborreactor es sofocado

el aire sobrecalentado enciende el combustible

la propulsión del jet alcanza una temperatura de 1900 grados Fahrenheit (1,037.7 grados centígrados)

21

El poder del turbofan

Hay varios fabricantes de motores a reacción, o aeromotores. Los más importantes son Rolls-Royce y Engine Alliance. Rolls-Royce empezó en Inglaterra y en la actualidad tiene fábricas en más de 48 países. Engine Alliance es norteamericana. Airbus le ha pedido a ambas compañías que le diseñen un motor turbofan para el A380. Así las aerolíneas que compren el superjumbo tendrán la opción de escoger entre los motores de ambos fabricantes.

La potencia de un motor se mide por la magnitud de su empuje. El empuje se mide en libras. Una libra de empuje es la que se necesita para mantener un objeto de una libra en el aire. Tres mil libras de empuje mantendrán en el aire a un objeto de 3,000 libras de peso. Mientras más empuje produzca un motor, mayor será el peso que podrá levantar del suelo.

Los ingenieros pueden diseñar motores que produzcan varios miles de libras de empuje. El problema es que dichos motores serían muy pesados, de modo que los ingenieros tienen que encontrar maneras de diseñar motores que sean a la vez poderosos y no demasiado pesados. Mientras más liviano sea un avión, más fácil le será elevarse y mantenerse en el aire.

En varios lugares de los motores a reacción se alcanzan temperaturas de hasta 2,800 grados Fahrenheit (1,537.8° C). La exposición constante a dichas temperaturas derretiría o dañaría muchos materiales. Las piezas de los motores están hechas de varios materiales. Los ingenieros combinan distintos metales y sustancias para crear materiales más fuertes y resistentes en los motores. Dichos materiales incluyen metales como níquel, titanio y aluminio, además de plásticos y cerámicas.

Los motores turbofan fueron diseñados para producir el máximo empuje en un motor no demasiado pesado. Estos motores utilizan el aire de dos maneras para producir empuje. Como en casi todos los motores a reacción, el aire entra al motor para crear empuje; pero en el turbofan el aire se envía además por el exterior del motor hacia atrás.

Derecha: El diagrama muestra el interior de un motor turbofan.

Abajo: Detalle de un motor a reacción en la fabrica de Boeing.

Izquierda, abajo: El GP7200, un turbofan de la Engine Alliance.

GE
GP 7200

Gracias a este flujo de aire, es mayor el empuje que se crea en la parte posterior del motor.

La corriente externa ayuda a silenciar el ruido del motor y hace que el turbofan sea menos ruidoso que otros motores a reacción.

Un turbofan por dentro

Los componentes principales del motor turbofan son, de adelante para atrás: el ventilador, el compresor, la cámara de combustión, la turbina y la tobera. En el recubrimiento especial también se emplean cemento y cerámicas.

Derecha: Un diagrama de la turbina LM2500. Este tipo de turbina de la General Electric se deriva de aeronaves civiles (como el Boeing 747) y militares y se utiliza comúnmente en grandes embarcaciones marinas.

La **turbina** se utiliza para suministrar energía al ventilador y al compresor. Los gases de alta presión salen a chorro de la cámara de combustión y pasan por la turbina. La turbina recicla parte de la energía producida por los gases que salen con fuerza a través de ella. Esta energía se emplea para hacer funcionar el ventilador y el compresor. La turbina por lo general es de níquel y está recubierta con materiales especiales que la ayudan a resistir el elevado calor de los gases a alta presión. Estos materiales especiales incluyen revestimientos de polvos y alambres de distintos metales, entre ellos hierro, níquel y cobre.

La **cámara de combustión** es el lugar donde el aire comprimido es forzado a entrar. Allí el aire se mezcla con el combustible y se enciende. La combustión de la mezcla de aire y combustible crea gases de alta presión. La cámara de combustión por lo general está hecha de níquel.

El **ventilador** aspira gran cantidad del aire y lo hace fluir al interior y sobre la superficie del motor. Está usualmente hecho de titanio, que es un metal liviano.

El **compresor** comprime el aire que entra al motor. Al ser almacenado en un espacio reducido, la presión del aire aumenta. Las piezas del compresor por lo general son de níquel y titanio. Los dos son materiales livianos.

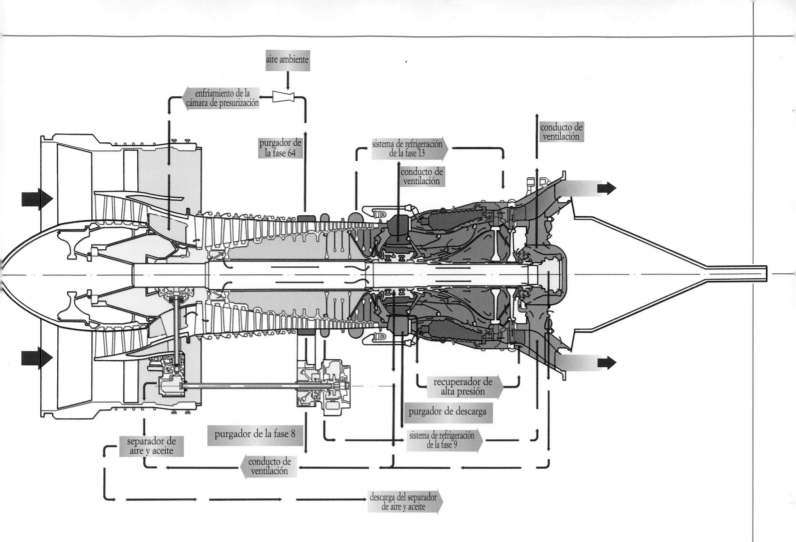

aire ambiente

enfriamiento de la
cámara de presurización

purgador de
la fase 64

sistema de refrigeración
de la fase 13

conducto de
ventilación

conducto de
ventilación

recuperador de
alta presión

purgador de descarga

separador de
aire y aceite

purgador de la fase 8

sistema de refrigeración
de la fase 9

conducto de
ventilación

descarga del separador
de aire y aceite

La **tobera** está diseñada para permitir que los gases de alta presión escapen del motor. Los gases pasan por la tobera a velocidades de más de 1,000 millas (1,609 km) por hora. La fuerza de los gases al salir del motor crea empuje. Las toberas de los motores turbofan están hechas de níquel, titanio y sustancias a base de cerámica.

Algunos de los motores turbofan tienen además una segunda cámara de combustión, o posquemador. El posquemador está situado entre la turbina y la tobera.

Los posquemadores crean empuje adicional, pero también gastan mucho combustible. Por eso se utilizan con poca frecuencia. Los pilotos a veces los usan para añadir empuje en los despegues y también en casos de emergencia.

Rolls-Royce y Engine Alliance están en el proceso de construir y probar sus diseños de motores turbofan para el avión superjumbo A380. Rolls-Royce le ha dado a su motor el nombre de Trent 900. Engine Alliance ha llamado el suyo GP7200.

El Airbus por dentro y por fuera

Son muchas las piezas que contribuyen al vuelo de una aeronave, a su seguridad en el aire y a la comodidad de sus ocupantes. Este diagrama muestra todas las piezas que conforman un Airbus jumbo jet.

AIRBUS A310

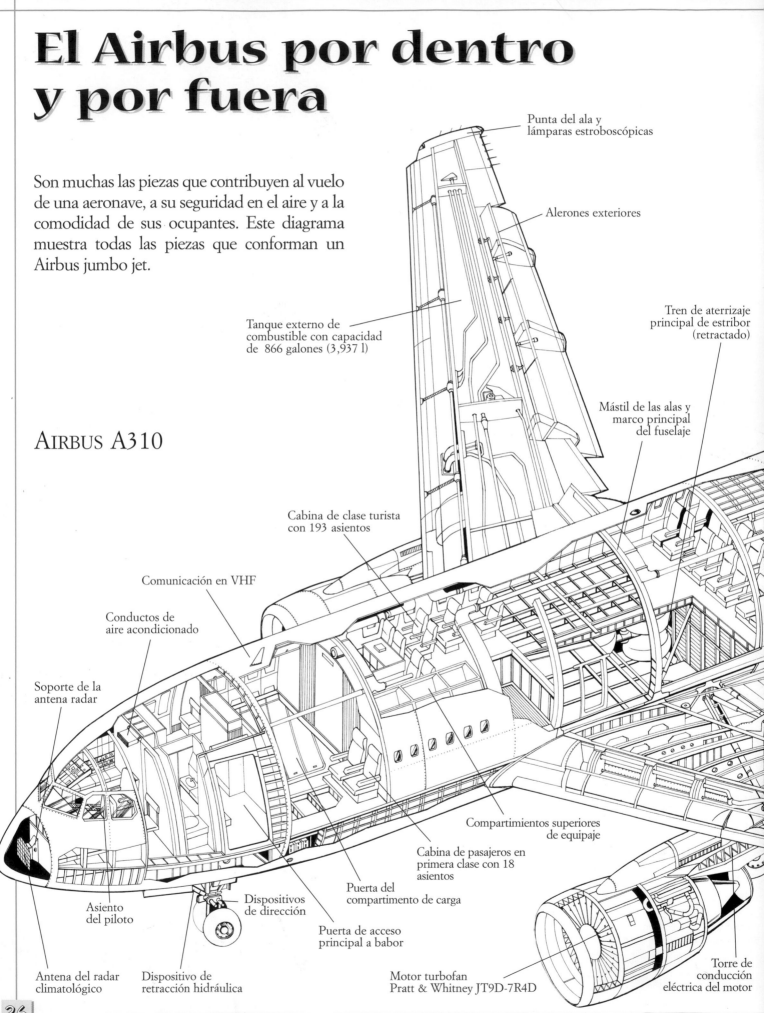

Punta del ala y lámparas estroboscópicas

Alerones exteriores

Tren de aterrizaje principal de estribor (retractado)

Mástil de las alas y marco principal del fuselaje

Tanque externo de combustible con capacidad de 866 galones (3,937 l)

Cabina de clase turista con 193 asientos

Comunicación en VHF

Conductos de aire acondicionado

Soporte de la antena radar

Compartimientos superiores de equipaje

Cabina de pasajeros en primera clase con 18 asientos

Puerta del compartimiento de carga

Puerta de acceso principal a babor

Asiento del piloto

Dispositivos de dirección

Antena del radar climatológico

Dispositivo de retracción hidráulica

Motor turbofan Pratt & Whitney JT9D-7R4D

Torre de conducción eléctrica del motor

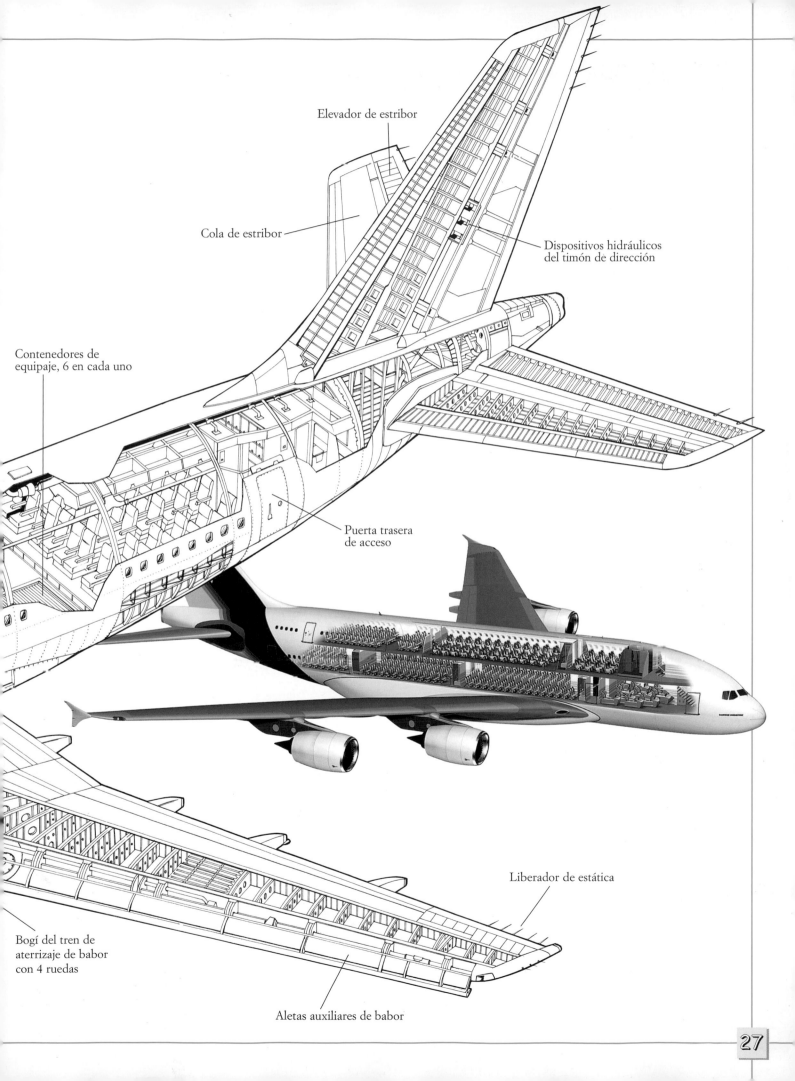

Elevador de estribor

Cola de estribor

Dispositivos hidráulicos
del timón de dirección

Contenedores de
equipaje, 6 en cada uno

Puerta trasera
de acceso

Liberador de estática

Bogí del tren de
aterrizaje de babor
con 4 ruedas

Aletas auxiliares de babor

La generación jumbo

Uno de los jets más competitivos de la generación anterior al Airbus fue el Lockheed tri-jet N1011 (TriStar). Creado al mismo tiempo que su competidor directo, el McDonnell Douglas DC 10, (actualmente asociado con Boeing), el TriStar debía competir además con el modelo más grande de la Boeing, el 747 jumbo jet de cuatro motores, y con el gemelo de la Airbus, el recién surgido A300B2. Los nuevos materiales superligeros, los motores de combustible más eficientes, y otros adelantos de la tecnología utilizados a inicios de la década de 1970, permitieron a los fabricantes pensar en la construcción de aviones de un tamaño aún mayor, y mejorar la eficiencia de las aeronaves más pequeñas.

En sus primeras versiones, el DC 10 con turbofanes CF6-6 General Electric de tamaño ligeramente mayor, y el TriStar con motor Rolls-Royce RB211, alcanzaron una potencia de despegue similar. Con el doble de empuje, sus motores demostraron avances significativos en comparación con otros aviones a reacción. Estos motores

Entrada del
motor central

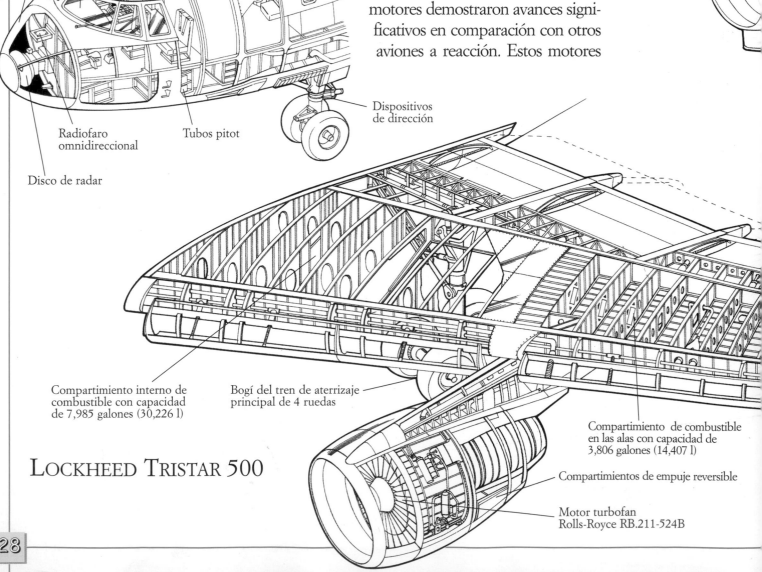

Cubierta del panel
de instrumentos

Cúpula
de radar

Radiofaro
omnidireccional

Tubos pitot

Dispositivos
de dirección

Disco de radar

Compartimiento interno de
combustible con capacidad
de 7,985 galones (30,226 l)

Bogí del tren de aterrizaje
principal de 4 ruedas

Compartimiento de combustible
en las alas con capacidad de
3,806 galones (14,407 l)

Compartimientos de empuje reversible

Motor turbofan
Rolls-Royce RB.211-524B

LOCKHEED TRISTAR 500

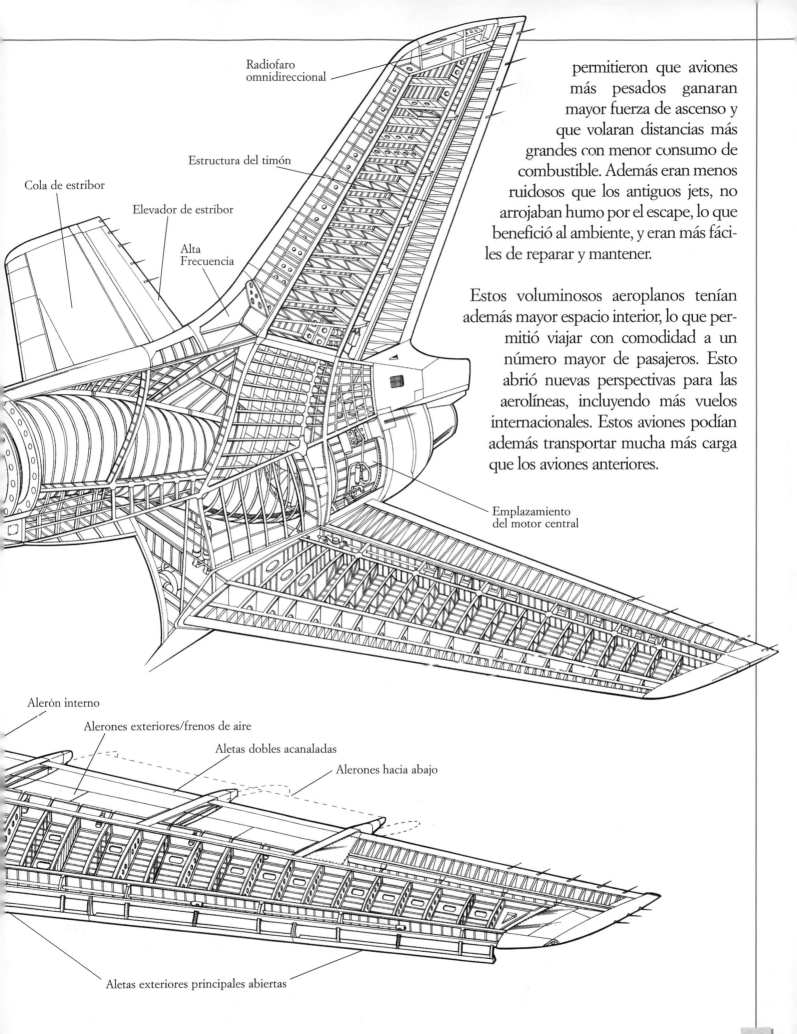

Radiofaro
omnidireccional

Estructura del timón

Cola de estribor

Elevador de estribor

Alta
Frecuencia

permitieron que aviones más pesados ganaran mayor fuerza de ascenso y que volaran distancias más grandes con menor consumo de combustible. Además eran menos ruidosos que los antiguos jets, no arrojaban humo por el escape, lo que benefició al ambiente, y eran más fáciles de reparar y mantener.

Estos voluminosos aeroplanos tenían además mayor espacio interior, lo que permitió viajar con comodidad a un número mayor de pasajeros. Esto abrió nuevas perspectivas para las aerolíneas, incluyendo más vuelos internacionales. Estos aviones podían además transportar mucha más carga que los aviones anteriores.

Emplazamiento
del motor central

Alerón interno

Alerones exteriores/frenos de aire

Aletas dobles acanaladas

Alerones hacia abajo

Aletas exteriores principales abiertas

Un proyecto internacional

Los aviones superjumbo de Airbus no se construyen en un mismo edificio grande sino que distintas secciones del avión se ensamblan en diferentes lugares de Europa. Airbus construyó un avión especial que tiene el tamaño necesario para transportar piezas de otros aviones. Es el supertransportador A300-600ST. Las piezas más pequeñas del A380 se transportan en el A300-600ST. Las secciones ensambladas son demasiado grandes, incluso, para el supertransportador. Estas secciones del superjumbo se transportan por barco y vehículos terrestres de carga. Una vez terminados, los gigantescos A380 medirán 239 pies (73 m) de largo, y la distancia entre las puntas de las alas, llamada envergadura alar, será de casi 262 pies (79.8 m).

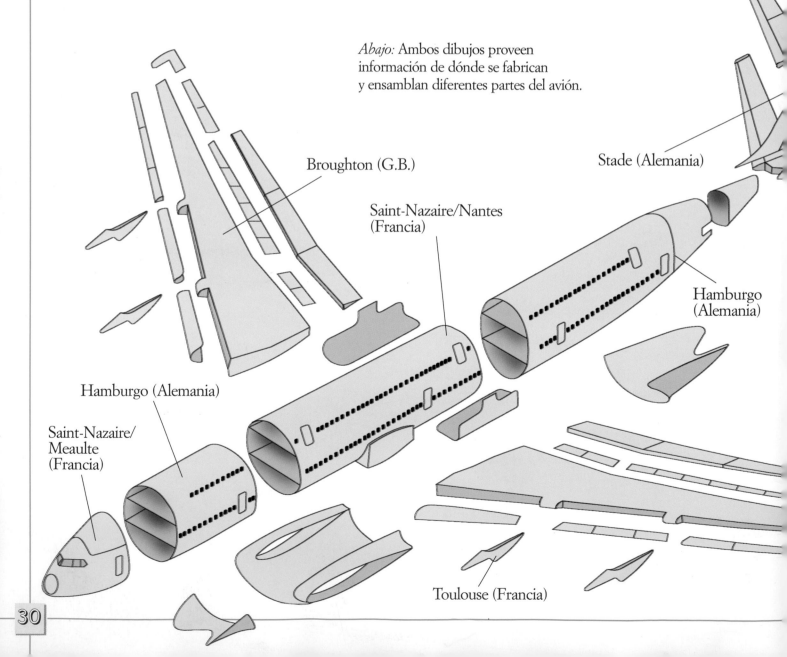

Abajo: Ambos dibujos proveen información de dónde se fabrican y ensamblan diferentes partes del avión.

Broughton (G.B.)

Stade (Alemania)

Saint-Nazaire/Nantes (Francia)

Hamburgo (Alemania)

Hamburgo (Alemania)

Saint-Nazaire/ Meaulte (Francia)

Toulouse (Francia)

Al supertransportador de Airbus se le llama "beluga," o ballena blanca debido a su forma extraña. El enorme frente bulboso es una gran puerta que puede abrirse para ingresar grandes cargas. Después de muchos años de diseño y pruebas, el primero de estos aviones comenzó a volar en 1995.

Getafe
(España)

Derecha: Un transbordador de carga horizontal se utiliza para la transportación marítima de piezas del Airbus.

TOULOUSE   HAMBURGO   TOULOUSE

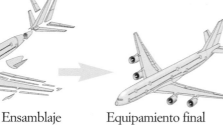

Ensamblaje

Equipamiento final y vuelos de prueba

Amueblado de la cabina, adaptaciones y pintura

Entrega a clientes, excepto Europa y Medio Oriente

Entrega a clientes en Europa y el Medio Oriente

Construcción

Cuando las secciones del avión hayan sido construidas se enviarán a Toulouse, Francia, donde se juntarán para formar la estructura principal. Ahí también se instalarán los motores, para que el avión pueda volar, y entonces viajará a Hamburgo, Alemania, donde se instalarán la cabina y varios sistemas, se pintará y se le darán los toques finales.

El fuselaje será liviano y de alta tecnología. El fuselaje es el cuerpo del avión. La cubierta exterior del fuselaje se hará de un material nuevo, hecho de fibra de vidrio y aluminio. Este material es liviano, duradero y resistente al fuego. Airbus calcula ahorrar 3 toneladas de peso al usar los nuevos materiales en la cubierta exterior.

Sistemas como el tren de aterrizaje se diseñarán pensando en la seguridad del superjumbo en el momento de llegar a tierra. El A380 tendrá veinte ruedas de aterrizaje. Los diseñadores de Airbus afirman que cada rueda del A380 soportará menos peso que cada una de las del 747. En la construcción del superjumbo se utilizarán rayos láser para soldar y unir las piezas. En la actualidad, las piezas se unen con remaches. Los rayos láser disminuirán el tiempo que toma ensamblar el avión. También disminuirán el peso y los costos de producción del superjumbo. Se cree que las piezas unidas con láser durarán más que las unidas con remaches.

Airbus planea usar los más avanzados materiales en la construcción del superjumbo. Se emplearán dichos materiales para hacer que el avión sea resistente, seguro y liviano. Los nuevos materiales incluyen fibra de carbono y compuestos metálicos, que son mezclas de diferentes metales. Cuarenta por ciento del A380 estará hecho de los materiales metálicos más modernos creados hasta hoy.

Abajo: Una sección del cuerpo del avión durante su construcción en la fábrica.

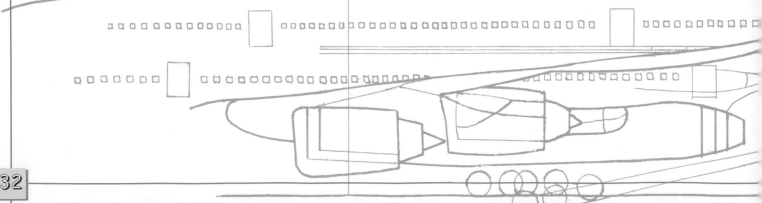

Arriba: Los jumbo jets y los superjumbos se construyen por piezas que deben ser ensambladas, sea por medio de remaches o de soldaduras. Éstas son imágenes de la cabina en distintas etapas de la construcción.

Diseño del superjumbo

Durante el proceso de diseño, Airbus le pidió sugerencias a muchas personas que trabajan en la industria de la aviación. La compañía pidió a representantes de cincuenta aeropuertos y de veinte aerolíneas que ayudaran a diseñar el A380. También le pidió sugerencias sobre el diseño de la cabina a aproximadamente 1,200 viajeros frecuentes.

Viendo el esqueleto de un jumbo o superjumbo jet, podría parecernos que su diseño es bastante simple. De alguna manera, esto es cierto, pero hay muchas cosas que los diseñadores deben tomar en cuenta para poder lograr ese diseño redondeado. Los muros deben ser flexibles y fuertes al mismo tiempo para resistir la fuerza del viento, el calor y el frío. Además deben ser tan angostos y ligeros como sea posible, y aun así tener una estructura segura. Éstas son sólo algunas de las cosas que deben ser tomadas en cuenta durante la construcción de un avión.

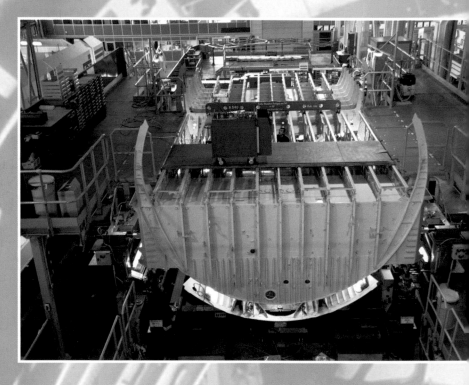

El cuerpo y las alas del avión cuentan con barras de refuerzo llamadas costillas y mástiles que, por una parte, deben proveer resistencia, y por la otra, ser flexibles. Las alas deben tener alerones y otros aparatos para ayudar al ascenso y para aumentar o disminuir la resistencia al avance, dependiendo de la función ejecutada por el avión. Además, el diseño de puertas y ventanas debe ser muy cuidadoso. Las puertas de estos aviones deben cerrar de forma que el interior quede completamente hermético. De no ser así, el cambio en la presión de aire podría causar incomodidad en los pasajeros, y en el peor de los casos, el avión podría desgarrarse en pleno vuelo. En cuanto a las ventanas, deben construirse con un material especial que les permita resistir temperaturas extremas.

Arriba y derecha: El cuerpo de un Airbus durante su construcción. Observa que el fuselaje es relativamente angosto. Para construir un avión ligero y a la vez duradero deben utilizarse materiales de alta tecnología.

El diseño de un superjumbo jet puede parecer simple, pero recuerda ¡no debes juzgar un avión sólo por su esqueleto!
.

Arriba: Mecánico de la Boeing revisando las piezas nuevas en el armazón de un avión. Estas piezas han sido fabricadas con cortadores de metal extremadamente rápidos y precisos.

Materiales de alta tecnología

Para lograr la operación segura y eficiente del superjumbo jet, deben utilizarse algunos materiales nuevos en su diseño y construcción. Algunos de estos materiales se eligen porque requieren muy poco mantenimiento. El *glare*, o fulgor es uno de estos materiales. Se trata de un laminado fabricado de capas alternadas de aluminio y adhesivo reforzado de fibra de vidrio. Este material tiene una densidad diez por ciento menor que la del aluminio y es más duradero. Debido a su capa de cristal es muy resistente a la corrosión y resulta muy fácil de reparar.

Otra innovación en el superjumbo es que el fuselaje será soldado con rayo láser en lugar de remaches. Esto producirá una estructura más duradera y liviana. Además, la soldadura láser es un proceso continuo que ahorrará muchas horas de construcción. Otro beneficio será la eliminación de perforaciones. Actualmente, cada remache produce un agujero en el fuselaje. Con el tiempo, estos agujeros son susceptibles a la corrosión y a las cuarteaduras. La soldadura láser acaba con todos estos problemas.

El estabilizador vertical y la cola del superjumbo, así como la compuerta trasera y la sección central del fuselaje serán construidas con plásticos de fibra de carbón reforzada (CFRP, por sus siglas en inglés). La estructura principal de las alas se fabricará con compuestos metálicos, tanto convencionales como avanzados. Otro novedoso material que se utilizará es el llamado titanio SPFDB que se utilizará en las partes del avión que sufren mayor desgaste o altas temperaturas. El titanio SPFDB tiene una estructura más rígida y resistente que el titanio convencional.

Todas estas avanzadas tecnologías y materiales son las que hacen posible construir aviones aún más grandes y veloces. Los aviones construidos con tecnologías más antiguas serían incapaces de soportar el peso y las presiones a las que se ven sujetos los aviones más grandes y veloces. Es imposible saber lo que el mundo de la tecnología nos traerá en los próximos veinte años, pero resulta emocionante pensar que cada avance abrirá las puertas a nuevos diseños que antes parecían imposibles.

Derecha: El nuevo Airbus superjumbo se construye con novedosos materiales de alta tecnología.

Abajo: Todas las piezas de un avión deben ser probadas para asegurarse de que pueden soportar la presión a la que serán sometidas durante su operación. Una máquina hidráulica de alta presión como la que vemos abajo, se usa para probar las piezas.

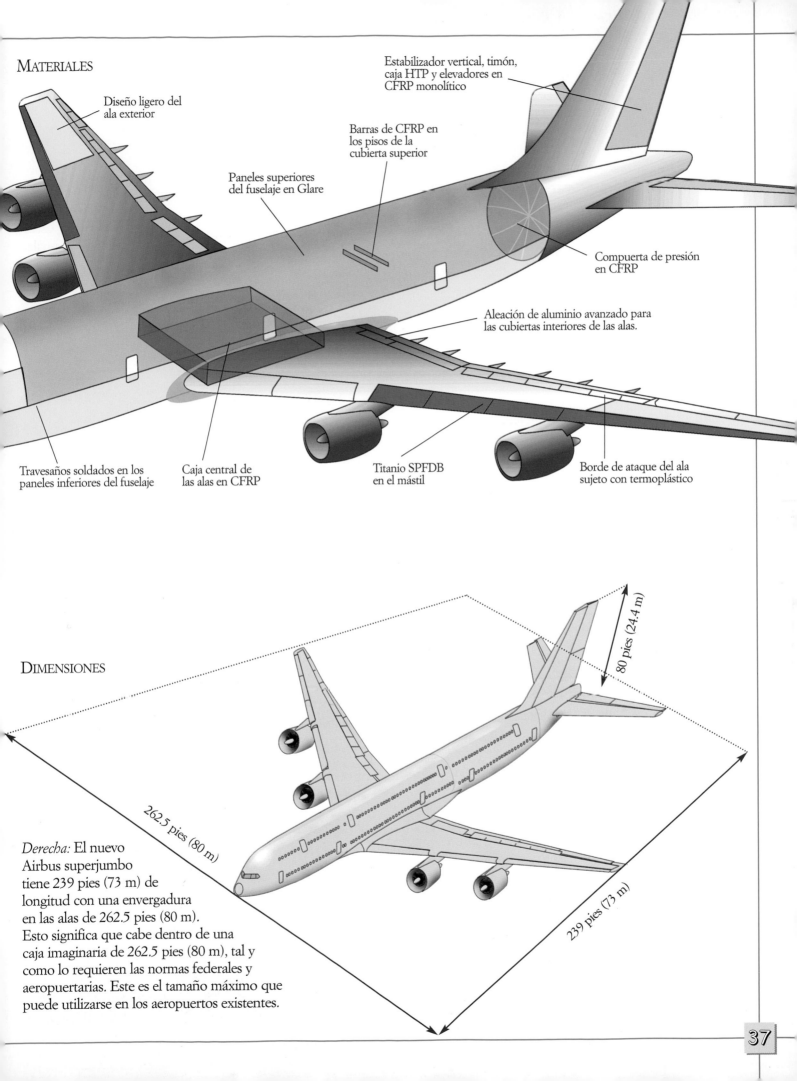

MATERIALES

Diseño ligero del ala exterior

Estabilizador vertical, timón, caja HTP y elevadores en CFRP monolítico

Barras de CFRP en los pisos de la cubierta superior

Paneles superiores del fuselaje en Glare

Compuerta de presión en CFRP

Aleación de aluminio avanzado para las cubiertas interiores de las alas.

Travesaños soldados en los paneles inferiores del fuselaje

Caja central de las alas en CFRP

Titanio SPFDB en el mástil

Borde de ataque del ala sujeto con termoplástico

DIMENSIONES

80 pies (24.4 m)

262.5 pies (80 m)

239 pies (73 m)

80 pies (80 m)

Derecha: El nuevo Airbus superjumbo tiene 239 pies (73 m) de longitud con una envergadura en las alas de 262.5 pies (80 m). Esto significa que cabe dentro de una caja imaginaria de 262.5 pies (80 m), tal y como lo requieren las normas federales y aeropuertarias. Este es el tamaño máximo que puede utilizarse en los aeropuertos existentes.

Los interiores

El interior del superjumbo también ha sido diseñado cuidadosamente. Airbus implementará varios conjuntos de puertas de entrada y de salida, lo que facilitará y hará más rápido el abordaje y la evacuación. La cabina de pasajeros será de dos pisos. El piso principal será casi cincuenta por ciento más grande que el del 747. Cada silla del superjumbo tendrá descansabrazos no compartidos.

El A380 tiene espacio extra en otro piso, situado debajo del piso principal. Parte de este piso inferior se destinará a equipaje y carga, pero otras áreas podrían diseñarse para ofrecer lujos a los pasajeros. Airbus ofrecerá la opción de tener bares, centros de negocios, bibliotecas o salones de recreación en este piso. Los ingenieros de Airbus lo adaptarán conforme a las necesidades de cada aerolínea.

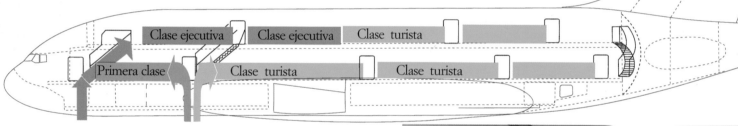

Algunas aerolíneas han expresado interés en tener sólo cabinas para clase económica. Clase económica significa que las sillas son pequeñas y están más cerca unas de otras, de modo que quepan más pasajeros en cada avión. Otras han expresado interés en dedicar un piso exclusivamente a aquellos pasajeros que pagan más, o de primera clase. Los pasajeros de primera clase tendrán sus propias puertas de entrada y de salida. Las sillas de primera clase son más grandes y están más separadas unas de otras que las de clase económica. Otra opción son las sillas de clase ejecutiva, que son más grandes que las de clase económica pero están situadas más cerca unas de otras que las de primera clase.

De acuerdo con Airbus, una aerolínea ha expresado interés en tener un casino a bordo. Sea cual fuere el pedido de la aerolínea, Airbus tratará de satisfacerlo. Noel Foregard, representante de Airbus, afirma que a la larga estos aviones superjumbo funcionarán como barcos crucero del cielo.

Estos son algunos de los diseños propuestos para el
Airbus superjumbo. Las aerolíneas podrán elegir ciertos
diseños especiales, tales como las espaciosas cabinas de
primera clase que vemos a la izquierda y en la fotografía
superior de esta página. También se planean pasillos
más anchos y espaciosas áreas de acceso como la que
vemos arriba.

El futuro

Sólo el tiempo nos develará el camino de la aviación. Airbus ha puesto todas sus esperanzas en la clase de avión que piensan requerirá la aviación comercial en el futuro. Otras compañías como la Boeing no están de acuerdo, y en su opinión, serán aeronaves más pequeñas volando a velocidades cercanas a la velocidad del sonido las que dominarán la aviación del futuro. Otras personas tienen diferentes ideas.

Un nuevo diseño particularmente interesante es el llamado *Blended Wing Body* (Cuerpo de ala integrada), o BWB. La NASA planea ensayar un modelo pequeño de BWB para comprobar si funciona. Éste tendrá 35 pies (10.7 m) de anchura y será manejado por control remoto. La Boeing trabaja con la NASA en este proyecto.

El BWB parece una gran ala. El cuerpo del avión, donde se sientan los pasajeros, está integrado al ala, lo que crea una superficie grande y lisa que disminuirá la fuerza de resistencia. El avión de tamaño normal será 67 pies (20.4 metros) más ancho que el 747, cuya envergadura es de 211 pies y 5 pulgadas (64.4 metros). Esto no le permitirá al avión funcionar en los aeropuertos y pistas ya existentes. El diseño del BWB combina elementos del A380 y del Sonic Cruiser. El avión volaría a velocidades un poco menores que la del sonido y llevaría más de 800 pasajeros. El BWB utilizaría menos combustible que los aviones a reacción actuales y además sería más seguro.

Con el tiempo, los diseños de los aviones a reacción de hoy y del futuro podrían llevarnos al espacio sideral. Durante su mandato, el presidente R. Reagan buscó que el gobierno impulsara el desarrollo de nuevos aviones supersónicos. Dichos aviones entrarían al espacio exterior a velocidades mayores que las del sonido, viajarían por la órbita de la Tierra y luego regresarían. Con ellos sería posible viajar de Nueva York a Tokio en dos horas. Este tipo de viaje se conoce como transporte hiperespacial.

Ya sea por su velocidad o por su tamaño, los aviones del mañana cambiarán la aviación tal como la conocemos. Como lo han demostrado los constructores de aviones, el futuro dependerá en realidad de nuestras demandas. La gente consciente del medio ambiente le ha hecho saber a los fabricantes que los diseños más importantes son los que protegen la Tierra en vez de perjudicarla. La Boeing, la NASA y Airbus han sumado esta preocupación a su larga lista de detalles de diseño de los aviones del futuro. Otra preocupación es la de la seguridad.

Aún falta mucho camino por recorrer, pero ustedes serán testigos de lo que nos depara el futuro, y quizás, ¡los arquitectos de ese futuro!

Izquierda: El diseño conceptual de la Boeing de transporte supersónico Mach 2.4 para un medio de transporte civil de alta velocidad, ha sido realizado conjuntamente con la NASA y algunas compañias privadas de los Estados Unidos.

Izquierda: Muchos fabricantes experimentan con novedosos diseños de "Alas voladoras", modernas aeronaves que serían más ligeras, utilizarían menos combustible, y transportarían hasta 800 pasajeros.

Las principales aerolíneas del mundo

Existe una innumerable cantidad de aeropuertos alrededor del mundo y aún queda por ver si estos cambiarán para albergar aviones mas grandes y veloces. Por ahora, muchos utilizarán el nuevo Airbus superjumbo hasta que los pasajeros muestren el deseo, o la necesidad de algo distinto por parte de las aerolíneas. Este mapa podría cambiar mucho en los próximos años dependiendo de los futuros avances en la tecnología.

BRITISH AIRWAYS

LOS 10 AEROPUERTOS CON CAPACIDAD PARA AVIONES DE GRAN ESCALA

Para el año 2019, más de la mitad de la flota mundial de 1,235 aviones de gran escala se utilizará en vuelos desde los 10 aeropuertos de mayor capacidad.

(Los números en los círculos rojos representan el número de aviones de gran escala que opera en cada aeropuerto.)

#	Aeropuerto	Aviones
1	Moscú (NRT)	116
2	Londres (LHR)	96
3	Hong Kong (HKG)	83
4	Los Angeles (LAX)	74
5	Singapur (SIN)	56
6	Nueva York (JFK)	50
7	Bangkok (BKK)	47
8	Francfort (FRA)	44
9	Taipei (TPE)	38
10	Sydney (SYD)	35

Anchorage *ANC*

Vancouver *YVR*
Chicago *ORD*
Indianapolis *IND*
Minneapolis *MSP*
Detroit *DTW*
Toronto *YYZ*
Nueva York *JFK, LGA*
San Francisco *SFO, OAK*
Denver *DEN*
Atlanta *ATL*
Washington *IAD*
Los Angeles *LAX*
Memphis *MEM*
Dallas *DFW, AFW*
Honolulu *HNL*
Orlando *MCO*
Miami *MIA*

Río de Janeiro *GIG*
Sao Paulo *GRU, VCP*
Santiago *SCL*
Buenos Aires *EZE*

TWA

virgin atlantic *Virgin*

UNITED

ILFC

AA **American Airlines**

AIR FRANCE

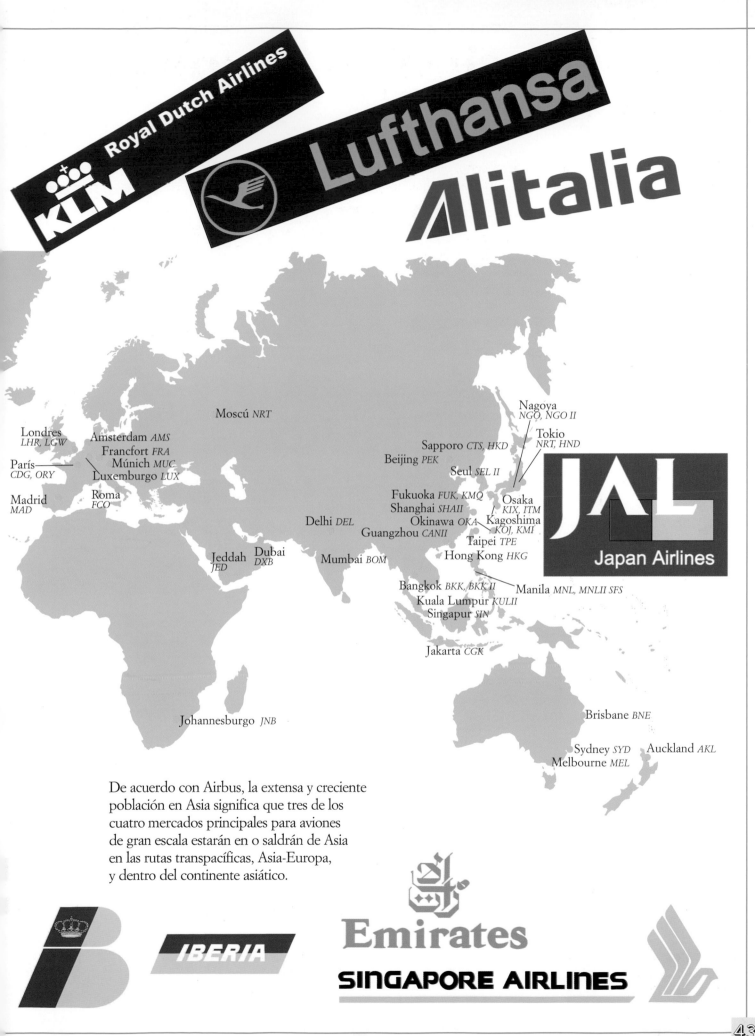

Royal Dutch Airlines KLM

Lufthansa

Alitalia

Moscú *NRT*

Londres
LHR, LGW
Amsterdam *AMS*
Francfort *FRA*
París
CDG, ORY
Múnich *MUC*
Luxemburgo *LUX*
Madrid
MAD
Roma
FCO

Nagoya
NGO, NGO II
Tokio
NRT, HND
Sapporo *CTS, HKD*
Beijing *PEK*
Seul *SEL II*
Fukuoka *FUK, KMQ*
Shanghai *SHAII*
Osaka
KIX, ITM
Delhi *DEL*
Okinawa *OKA*
Kagoshima
KOJ, KMI
Guangzhou *CANII*
Taipei *TPE*
Jeddah
JED
Dubai
DXB
Mumbai *BOM*
Hong Kong *HKG*
Bangkok *BKK, BKK II*
Manila *MNL, MNLII SFS*
Kuala Lumpur *KULII*
Singapur *SIN*

JAL
Japan Airlines

Jakarta *CGK*

Johannesburgo *JNB*

Brisbane *BNE*

Sydney *SYD*   Auckland *AKL*
Melbourne *MEL*

De acuerdo con Airbus, la extensa y creciente
población en Asia significa que tres de los
cuatro mercados principales para aviones
de gran escala estarán en o saldrán de Asia
en las rutas transpacíficas, Asia-Europa,
y dentro del continente asiático.

IBERIA

Emirates

SINGAPORE AIRLINES

Glosario

aerodinámica Estudio de los objetos que se mueven en el aire.

aeromotor Motor utilizado para volar.

aeronáutica Ciencia de la navegación aérea.

alerones Secciones móviles situadas en los bordes de las alas.

altitud Distancia hasta el suelo.

ambientalmente inocuo Sustancia o cosa que no causa daño al medio ambiente.

ascensional La fuerza que empuja a un objeto hacia arriba.

aviación Transporte por el aire.

avión jumbo El avión más grande de pasajeros.

avión superjumbo Avión que será más grande que el jumbo.

babor Costado izquierdo de un buque o aeronave.

bogí Marco de soporte para las ruedas de un avión.

cabina de mando Espacio desde el cual se dirige o pilotea un vehículo (lancha, barco o avión).

cámara de combustión Parte del motor a reacción donde se quema el aire y el combustible.

carga Bienes o mercancías que se transportan por barco, vehículo terrestre o avión.

compresor Pieza del motor a reacción que comprime el aire.

empenaje Cola del avión.

empuje Fuerza que mueve a un objeto hacia adelante.

envergadura Distancia entre los extremos de las alas de un avión.

estatorreactor Tipo de motor de reacción que se utiliza para el vuelo supersónico.

estribor Costado derecho de un buque o aeronave.

FAA Organización gubernamental de EE.UU. que regula en materia de seguridad aérea.

fuselaje Cuerpo de un avión.

glare Laminado fabricado de capas alternadas de aluminio y adhesivo reforzado de fibra de vidrio. Literalmente, fulgor, brillo, reflejo.

góndola Nacela, cobertura que encierra el motor de una aeronave.

gravedad Fuerza natural que atrae los objetos hacia la Tierra.

hangar Edificio grande para guardar aviones.

liberadores de estática Elementos en las alas de los aviones que sueltan electricidad.

mach Velocidad de algo con relación a la velocidad del sonido.

mástiles Elementos que corren a lo largo de la aeronave y sostienen las costillas.

meteorología Ciencia del clima.

NASA Organización gubernamental estadounidense que estudia la Tierra, el espacio exterior y la ciencia de la aviación.

navegación Método de trazar y mantener el curso de un viaje.

polea Rueda pequeña que suministra fuerza de elevación mediante un sistema de cuerdas o cadenas.

posquemadores Aparatos entre la turbina y la tobera del avión que crean empuje adicional al inyectar combustible en los gases calientes del motor.

resistencia Fuerza natural que se ejerce contra los objetos en movimiento.

supersónico Algo que va más rápido que la velocidad del sonido.

timón Superficie móvil que ayuda a gobernar el avión cuando voltea.

turbina Parte del motor a reacción que suministra energía al ventilador y al compresor.

tren de aterrizaje Mecanismo de aterrizaje, incluyendo el juego de ruedas de un avión.

turbofan Tipo de motor a reacción que utiliza un gran ventilador para aspirar el aire.

turbohélice Tipo de motor a reacción que utiliza su fuerza para mover una hélice.

turborreactor Tipo de motor a reacción que utiliza aire y combustible para crear empuje.

turbulencia Sacudimiento del avión causado por las condiciones del clima y los vientos.

Otras fuentes de información

Si quieres más información sobre superjumbo jets, puedes consultar estos libros y páginas de Internet.

Libros en español
Cooper, Jason. *Aviones*. The Rourke Book Company, Inc. 1991
Seguelles, Vicente. *Historia ilustrada de la aviación*. Auriga, 1984

Libros en inglés
Bledsoe, Karen and Glen Bledsoe. *The Blue Angels: The U.S. Navy Flight Demonstration Squadron*. Mankato, MN: Capstone Press, 2001.
Butterfield, Moira and Spencer Davies (Editor). *Jets*. New York: Dorling Kindersley Publishing, Incorporated, 1996
Kent, Zachary. *Charles Lindbergh and the Spirit of St. Louis in American History*. Berkeley Heights, NJ: Enslow Publishers, 2001.
Kerrod, Robin. *Jet Airliners*. Danbury, CT: Franklin Watts, 1990.
Parr, Jan. *Amelia Earhart: First Lady of Flight*. Danbury, CT: Franklin Watts, 1997.
Robinson, Nick. *Super Simple Paper Airplanes: Step-by-Step Instructions to Make Paper Planes That Really Fly from a TRI-Plane to a Jet Fighter*. New York: Sterling Publishing Company Incorporated, 1998.
Sweetman, Bill. *Supersonic Fighters: The F-16 Fighting Falcons*. Mankato, MN: Capstone Press, 2001.
Taylor, Richard L. *The First Solo Transatlantic Flight: The Story of Charles Lindbergh and His Airplane, the Spirit of St. Louis*. Danbury, CT: Franklin Watts, 1995.

Sitios Web en inglés
www.historicwings.com
www.nasa.gov/kids/kids_airplanes.html
www.pbs.org/kcet/chasingthesun
www.nasm.edu/nasm/NASMexh.html
www.women-in-aviation.com

Índice

Acerca del autor

Holly Cefrey es escritora independiente. Es miembro del Gremio de escritores (Authors Guild) y la Sociedad de escritores e ilustradores de libros infantiles.

Créditos fotográficos